AF279257

ROCÍO BERLANGA RUIZ

APULEYO EDICIONES   FOMENTO DE VALORES   CUENTOS ILUSTRADOS

LOS SECRETOS DEL BAÑO MÁGICO

APULEYO EDICIONES   FOMENTO DE VALORES   CUENTOS ILUSTRADOS

Ella es Clara. A Clara le gusta mucho jugar a las construcciones.

¿A ti te gustan las construcciones?

Ella es la mamá de Clara. Anuncia, sonriendo:

—¡A la bañera!

Clara no quiere dejar de jugar.

—Te ayudo a recoger los juguetes y echamos una carrera hasta el baño —le propone mamá.

Clara, enfurruñada, le dice a su mamá:

—No quiero.

Mamá suspira y, comprensiva, dice:

—Mi vida, sé que te gusta mucho construir torres porque cuando la torre es alta, puedes tirarla y eso es muy divertido. Pero también sé que en la bañera juegas y te ríes tanto que no quieres salir de ella.

   ¿Tiramos una torre más y me ayudas a llenar la bañera de agua calentita?

   Clara piensa un momento en la bañera. Se acuerda de que en ella está muy a gusto. Tiene juguetes especiales para el agua y cuando lleva mucho rato, los dedos de las manos se le arrugan y mamá siempre dice que son como garbanzos.

Sí. Se quiere bañar.
Bañarse es muy divertido.
Así que va corriendo al baño para encender el grifo.

¡Pero primero hay que quitarse la ropa!
Ja, ja, ja.
A veces mamá o papá ayudan a
Clara a desvestirse, pero otras,
¡lo hace sola!

Zapatos fuera...

Una mano y el brazo por aquí...
Mejor sentarnos para poder quitarnos los pantalones y los calcetines...

Uy, que no quiere salir...
Y lista. ¡Al agua!

La bañera tiene algunas pompas que puede explotar.

Clara se divierte mucho a la hora del baño.

A veces en el agua hay mucha espuma y no ve lo que hay en el fondo. Entonces puede jugar a que es exploradora.

O astronauta:

—¡He encontrado un nuevo planeta! ¡Y tiene mucha agua!

Otras casi no hay espuma y puede ver sus pies mojados (¡y limpios!) que mueven los dedos sin parar.

A veces se lleva un barco y juega a los piratas.

Otras veces se lleva sus juguetes de doctora y les da medicina a los muñecos (tiene algunos que se pueden mojar).

Una vez se bañó con gafas de bucear.

¡Y otra llevaba el bañador!

También puede jugar a hacer pócimas.

O peinarse con la espuma. ¡Concurso de peinados! "Me gusta bañarme —piensa Clara—. Me gusta jugar y chapotear".

Pero hay algo que a Clara no le gusta nada de nada. Pero naaaaada, nada, nada, nada.

A Clara no le gusta que se le mojen los ojos con el agua de la bañera.

Cuando eso pasa, Clara se enfada y llora.

Papá y mamá le piden que mire al techo para quitarle el jabón del pelo, pero si cae alguna gota en la cara, tiene una solución: su toalla salva ojos.

Si la necesita, dice: —¡Toalla salva ojos, por favor!

Entonces, con su toalla salva ojos se seca el agua de la cara y puede seguir aclarándose.

¿Tú tienes una toalla salva ojos?

El verano pasado, Clara y su familia se fueron de camping y se olvidaron la toalla salva ojos en casa. Menos mal que, aunque su toalla salva ojos no estaba cerca, ¡hay otras toallas que también funcionan!

Bañarse es siempre una aventura. Cuando se acaba el baño, Clara se pone su albornoz de dinosaurio, se peina y se echa cremita.

Entonces, mamá le dice:

—Clara, ¿hueles a flores o cerezas? ¡Hueles muy bien!

—¡Es que estoy limpita! —contesta Clara entre risas.

Bañarse es siempre una aventura. Pero lo mejor es compartirla con papá y mamá.

¿Y tú? ¿A qué juegas en la bañera?

APULEYO
EDICIONES

ROCÍO BERLANGA RUIZ

APULEYO EDICIONES   FOMENTO DE VALORES   CUENTOS ILUSTRADOS

LOS SECRETOS DEL BAÑO MÁGICO

APULEYO EDICIONES   FOMENTO DE VALORES   CUENTOS ILUSTRADOS